Aïssé

René Schickele

Alpha Editions

This edition published in 2022

ISBN : 9789356788121

Design and Setting By
Alpha Editions
www.alphaedis.com
Email - info@alphaedis.com

AÏSSÉ

Aus einer Indischen Reise.

Pondichéry an der Koromandelküste ist eine alte französische Provinzstadt, wie es sie in Frankreich selbst wohl kaum noch gibt. Sie liegt still und weiß mit großen Plätzen und winkligen Straßen, deren Namen die Schreibweise des vorvorigen Jahrhunderts beibehalten haben. Ich war an den Chefarzt des Hospitals empfohlen, und da wir nur zwei Tage bleiben sollten, beeilte ich mich, ihn aufzusuchen.

Ich traf ihn vor einem Pavillon inmitten von Palmen und gezirkelten Rasenflächen, auf deren Grün die Tulpen wie kleine bunte Laternen brannten. Die Palmen standen so dicht zusammen, daß sie ihre harten Wedel in der Höhe vermischten, doch schienen sich diese in dem grellen Licht, das sie tausendfach durchlöcherte, zu verflüchtigen, man bekam Schwindel, wenn man lange hinaufsah, der ganze Palmenwald fuhr mit einem in den Himmel. Um so zuversichtlicher kam dann der Blick auf den Rasen zurück, wo die Tulpen der Sonne tapfer standhielten, die sie mit Haut und Haaren aufzufressen drohte. Sie glichen eigensinnigen Kindern, die sich nicht von der Stelle rühren. Über die roten Sandwege, zwischen den Bäumen, in den Büschen voll Glanz und Dunkel flitzten die Mungos, halb Eichhörnchen, halb Wiesel. Die Europäer züchten sie und lassen sie auf die Schlangen los, die der Hindu nicht von Menschenhand getötet haben will, weil sie, wie alle Tiere, wandernden Seelen zum schicksalsvollen Aufenthalt dienen.

Wir wechselten die üblichen Begrüßungsworte und schritten durch den Palmenwald einem überhellen, zitternden Stück Horizont entgegen.

„Was ist das für ein magisches Licht, das sich dort hinter den Stämmen bewegt?“ fragte ich und deutete auf die weiße Flamme.

Mein Begleiter blickte auf: „Ja, nicht wahr? ein magisches Licht! . . . Und es ist doch nur eine Hauswand, die Wand eines Pavillons. Allerdings eines Pavillons in Südindien. Unsere schöne, schöne Sonne! Fast alle Europäer hassen sie . . . Ich bleibe einzig und allein ihretwegen hier . . . Vor zwei Jahren war ich zum letztenmal in Europa . . . Nie wieder! . . . Schon im Mittelländischen Meer fühlte ich, wie der blaue Himmel über uns langsam hinwelkte, das Licht hing stumpf und schwer über einem kraftlos glitzernden Meer, das Fenster der Welt schien beschlagen. — Vierzehn Tage später landete ich in einem feuchtkalten Keller. Das war Europa. Jetzt bleibe ich hier bis zum Ende . . ."

Wir betraten den Pavillon, der vom Rauschen der elektrischen Fächer erfüllt war, und wo die Kühle duftete.

Der Arzt führte mich in ein großes Zimmer. Zwei Betten standen darin. Das eine war leer, in dem andern lag eine alte Hindufrau, das Gesicht tief in blauschwarzem Haar. Daneben saß ein Europäer, der sich bei unserem Eintritt erhob: eine magere, gebeugte Gestalt, unter Mittelgröße, jedoch auffallend breitschulterig. Haupthaar und Schnurrbart waren schlohweiß. Das fahle Gesicht beunruhigten kleine, wimmelnde Augen. Aber als ihr Blick sich auf mich legte, empfand ich etwas zugleich Beklemmendes und Beglückendes, eine gütige Schwermut, die traurig machte und doch selbst vollkommen leidlos schien. Vielleicht ist das der Ausdruck des tiefen Glücks, das ja ebenso vereinsamt, wie der große Schmerz.

Der Arzt machte uns mit einander bekannt.

„Herr Frémard ist ein hervorragender Beamter unserer Kolonie, der auf eine mehr als dreißigjährige Dienstzeit zurückblickt. Er leistet seiner erkrankten Frau Gesellschaft. Madame befindet sich auf dem Weg der Besserung." Dann ließ er mich mit dem Franzosen allein.

Während ich mich auf einen Stuhl setzte, den der Franzose mir reichte, wobei er in reizend liebenswürdiger Weise die Unterhaltung begann, sah die dunkle, verwitterte Frau in den weißen Kissen uns reglos zu. Sie hatte jene sanften Hinduaugen, die schönsten Augen der Welt, die mich auf meiner Reise durch Indien begleitet haben wie eine immer erneute Gnade, Schatten und Kühle gewordenes Feuer. Mit einem Blick, der mühelos durch alle Dinge hindurchging, ohne Stoß sich umsah wie ein beständiger Wind, uralt und eben geboren — ein Ausdruck Gottes, ein Wunder. O, ich erinnere mich ihrer, ich vergesse sie nie: die seligen Augen, die Ewigkeit seliger Augen, die aus den uralten Liebesgesängen Indiens blicken, wie sie uns noch immer, auf allen Straßen dieses Landes, hundert- und tausendmal begegnen, Schatten und Kühle gewordenes Feuer, schwarzer Diamant, den die indische Sonne flüssig erhält, große dunkle Tropfen Seele, die, ganz langsam, durch das blendende Licht fallen. Wie war das lederne, knochige Gesicht, fast schon ein Totenkopf, von der Schönheit der tiefliegenden, wie schon halb versunkenen Augen überschwemmt!

„Ist Aïssé nicht schön?!“ rief der Franzose. Die Frau verstand offenbar seine Sprache, denn sie verzog die harten Muskeln um ihren Mund zu einem Lächeln, einem Lächeln, das die zahnlosen Kiefer entblößte und zuckend über das ganze Gesicht kroch, dessen Häßlichkeit noch entstellend. Zugleich stieg aus ihren Augen eine Wolke schimmernden Dunkels: Glück!

Da rückte der Franzose mit dem Stuhl näher und berührte mein Knie:

„Darf ich Ihnen erzählen, wie ich Aïssé kennen lernte? O, es ist lange her, es war drüben in Frankreich, in Paris, unter der Regentschaft des Herzogs von Bourbon, jedoch ich entsinne mich genau des Morgens in Saint-Sulpice, wo mir bewußt wurde, welchen Schatz ich, der arme, kleine Chevalier d’Aydin, in Aïssé gefunden hatte.

Ich hörte stehend die Messe an. Wenn das Rascheln eines Kleides an mein Ohr drang, dachte ich an das Böse, das sich da rührte. Ein Räuspern, ein Degenklirren gemahnte mich, daß ich von Raubtieren umgeben war, die ihre Beute musterten, und, den Sprung berechnend, lautlos heranschlichen. Alle lauerten unruhig hinter der zur Schau getragenen Würde. Ihre Gedanken, unter denen sich Kleider, Perücken, Stöcke und Degen unausgesetzt wie in einem Luftzug bewegten, verwandelten das Heiligtum in einen Ort der überlegten, sorgsam vorbereiteten und dann, plötzlich, mit Peitschenhieben losgelassenen Laster. Saint-Sulpice war das Palais-Royal am frühen Morgen . . . Bald vergaß ich alle, die sich um mich rührten, bis auf eine, deren Stille anschwellend zu mir drang und mich einhüllte. Obwohl ich damals leider nicht mehr gläubig war, folgte ich doch der heiligen Handlung mit aufmerksamer Hingabe. Die sich steigernden Gebärden des Opfers reinigten auch mich, indem sie mit ihrer, aus dem Dunkel der Geschlechter und meiner eigenen Kindheit wirkenden Kraft meine Sammlung vertieften. Alles, was vor der Welt den Herrn Chevalier d’Aydin ausmachte, fiel von mir ab, die tausend Nichtigkeiten, die sich in einem lautern Charakter festsetzen und an ihm zehren, starben, es blieb nur ein menschlich Herz, das an seine Güte glaubt. Als die Klingel rief und der Priester über der in die Knie gesunkenen Gemeinde die Hostie hob, empfand ich diesen Augenblick als den beglückenden Höhepunkt meines Zwiegesprächs mit dem Ewigen.

Ich hatte zwei Jahre am Rande der tollen Kirche gelebt, in der die Teufel Menuett tanzten, daß den armen Engeln das Entsetzen durch die steinernen Glieder rann und die Frommen vor dem Altar nicht aus ihren Gebeten aufzublicken wagten. Aber die Versuchungen hatten mich in meinem Winkel aufgesucht, Frauen ergriffen meine Hände und wollten mich in das Gedränge ziehen, wo die Wildheit der einen sich an der Berührung der andern entflammte, wo der Atem all dieser erhitzten Menschen, der Duft ihrer Blumen und Essenzen, die züngelnden, stachelnden Liebkosungen ihres Witzes und ihre tiefen Schreie eine Atmosphäre schufen, die wie eine glitzernde Glasglocke über ihnen stand. Die Stärke der Versuchung hielt mich zurück. Denn so sehr empfand ich die Gewalt des grenzenlosen Lustverlangens, daß ich meinte, ich müßte in wenigen Wochen tot oder als ein Krüppel zusammenbrechen, wenn ich dem grausamen Jagdruf meiner Sinne folgte. Wie andere mit unverletzlichem, weil demütigem Vertrauen an Gott glauben, so stellte ich all meinen Mut auf die Liebe. Meine Mutter war eine reine Frau, sinnlich, heiter und überlegsam, die ihren Mann liebte, nicht heute, gestern und morgen, sondern wahrhaft in Ewigkeit. Darum konnten Enttäuschung, Schmerz und manchmal recht langer Gram kommen, sie bückte sich mit verhaltener Innigkeit unter dem Windstoß, der vorüberzog, ihr Mund blieb jung und ihre Liebe ein einziger Sommer. Sie konnte nicht rechten, weil sie an das Geschenk ihrer Liebe keine Bedingungen geknüpft hatte, und sie liebte auch nicht, um dafür belohnt zu werden. Sie liebte.

Das war alles. Ich war ihr einziger Sohn. Und wenn sie mich auch nicht fromm erhalten konnte, so bewahrte sie mich doch stark und gerade.

Als ich, zweiundzwanzigjährig, nach Paris kam, stellte ich mich, über meine Unscheinbarkeit erfreut, belustigt und die Menschen nehmend, wie sie waren, aller Kamerad, ohne Furcht vor Gefahr und Verrat, unter die einströmenden Gäste des Karnevals, sah alles, nahm manchmal teil und suchte gleichzeitig mit den Blicken, ob nicht vielleicht irgendwo eine Frau stände und ihren wissenden Blick ebenso schweifen ließe . . . Sie saß vor dem jungen Herrn von Richelieu, der mit strahlendem Gesicht auf sie einredete! Ihre eine Hand hielt die andere fest umschlungen, und ihr Blick irrte hilfesuchend durch den Saal. Der Blick traf mich und verweilte; ich kam. Richelieu stellte mich vor. Ich verließ sie nicht an diesem Abend. Wochen, Monate warb ich um ihre Liebe, bis sie mich eines Tages fortschickte . . . Ich sollte sie vergessen . . . Und reiste acht Monate ins Ausland, kam zurück. Sie gab sich mir. Ich bot ihr meine Hand an, sie schlug sie aus und ließ mich versprechen, niemand zu sagen, daß ich sie habe heiraten wollen.

Alle Frauen von Paris zusammen hatten nicht so viel Liebeskraft, wie Aïssé in einer Stunde an ihren Geliebten hingab. Es war, als ob die Liebe der Welt in ihrem Herzen zusammenströmte. Sie war so voll Liebe, daß sie mich nur von weitem anzublicken brauchte: gleich fühlte ich in mir eine Quelle von Freude aufbrechen, die meinen ganzen Körper durchdrang und sogar verklärte, was um mich war. Ich ging in meinem eignen Schein. In Wahrheit trug ich nur einen Abglanz von Aïssé durch die Stadt. Sie aber leuchtete wirklich.

Das alles wurde mir an jenem Morgen in Saint-Sulpice klar.

Der Priester segnete die vornehme Welt, die diskret lärmend aufbrach und sich mit herrischen Mienen aneinander drängte, während sie dem Ausgang zuströmte. Die Männer streiften die Frauen, es wurden heimliche Händedrücke und eindeutige Blicke gewechselt, ein beschnalltes Knie stieß flüchtig in einen Rock. Vor der Tür wurden die Wagen aufgerufen.

Und wie seltsam: auch für Aïssé wurde dieser Morgen entscheidend.

Als sie mit ihrer Zofe in der Kirche allein war, schickte sie das Mädchen in die Sakristei und ließ den Priester bitten, ihr die Beichte abzunehmen.

„Ehrwürdiger Vater“, sagte sie, „Sie wissen ja, ich war ein Heidenkind; als man mir von Christus erzählte, liebte ich ihn gleich wie meinen großen Bruder, und es fiel nicht schwer, mich zu bekehren. Im Gegenteil, mir war, als sei ich, seit ich lebte, durch einen dunkeln Gang marschiert, immer geradeaus, bis in die Kapelle des Klosters, wo im Weihrauch die goldene Monstranz war und die weißen Schwestern sangen. Aber nun sterbe ich daran. Ich spüre es, ich fürchte sogar, daß es schnell geht. Ich magere schrecklich ab. Ich verzehre mich. Herr von Ferriol hat mir einmal geschrieben, schlimmer als in einem Harem hätten es die Frauen in Paris auch nicht. Er hat vielleicht recht. Und die Frauen wollen es ja nicht anders. Aber ich kann nicht. Ich liebe, ehrwürdiger Vater, ich liebe mit ganzem Herzen, und, nein, ich kann meine Liebe nicht für Sünde halten. Aber das ist es nicht. Ich muß sterben, weil ich den Chevalier nicht heiraten kann . . ."

Der Priester wollte sie unterbrechen, aber Aïssé fuhr schnell fort:

„Ja, er will mich heiraten — ihn trifft keine Schuld. Sie müssen einsehen, daß ich ihn nicht heiraten darf. Er kann keine Sklavin heiraten, und ich bin eine Sklavin, eine böse, eifersüchtige Sklavin, die ihm nie verziehe, wenn er sie einmal nicht mehr liebte, und sich gleich auf der Stelle wegwürfe, um sich an ihm zu rächen. Wie sind sie jetzt schon hinter mir her! Oh, sie haben mich verhöhnt, als ich herkam, und gesagt, man sehe an meinem Gang, daß ich eine Sklavin sei, ich stieße mit dem Fuß ein rohes Ei vor mir her, darum schliche ich so. Dann haben sie alle versucht, meinen Gang nachzuahmen. Ich bin ihnen nicht böse, viele haben mich gestreichelt, — und im übrigen weiß ich sehr wohl, daß ich schöner bin, als sie, und daß sie neidisch sind, je älter sie werden. Und sie werden jeden Tag älter. Nein, ich bin ihnen nicht böse. Wer fände es nicht natürlich, daß sie einen Eindringling wie mich nicht gelten lassen wollen! Und wissen nicht alle, daß Herr von Ferriol mich auf dem Sklavenmarkt wie ein Tier gekauft hat, damit ich ihm nach seiner Rückkehr wie ein Tier diene? Sie hätten nur gewünscht, daß ich nicht auf ihn wartete. Denn sie leiden, wenn sie sehen, daß jemand nicht betrogen wird, und was mich betrifft, so schwanken sie zwischen Abscheu und Zufriedenheit. Sie verabscheuen mich, weil ich tugendhaft scheine, sind es aber zufrieden, weil meine Dummheit, wie sie sagen, mich unschädlich macht. Dem Chevalier geht es nicht besser. Sie haben ihn nicht für sich haben können, jetzt tun sie alles, um ihn aus ihrer Gesellschaft zu vertreiben. Zugleich freuen sie sich, daß er mich liebt. Denn er ist nicht reich, ohne Protektion, und ich — mir gehört nicht einmal das Hemd an meinem Leib. Es ist fürchterlich, arm zu sein. Und daran bin ich schuld, ich allein. Aber ich liebe ihn, doch, ich liebe ihn, liebe ihn, liebe ihn! . . . Was soll ich tun? Für sie bin und bleibe ich die Sklavin des Herrn von Ferriol. Sie wollen es nicht anders. Es darf nicht anders sein."

Sie warf den Kopf auf den Arm und stöhnte auf. Der Priester im Beichtstuhl hatte die Augen geschlossen und schwieg. Er kannte jede Falte in Aïssés Herzen und wußte, daß sie ohne einen Schatten von Hochmut, gut und geduldig war, und wie still sie selbst Beleidigungen hinnahm. Daran konnte er die Größe ihres Schmerzes ermessen, wie sie, die er immer gefaßt gesehen hatte, nun verzweifelnd vor ihm lag. Es gab nur ein Mittel, ihr zu helfen. Er sagte ihr: Christus kannte keine Sklaven, alle Menschen waren gleich vor ihm.

„Ist das ganz sicher?“ schluchzte Aïssé.

Nichts konnte gewisser sein. War nicht Christus selbst ein Sklave? Waren nicht fast alle seine ersten Anhänger, Apostel und Märtyrer, Sklaven? Arme, verachtete Sklaven? Hatte er nicht selbst gesagt: „Es geht leichter ein Kamel durch ein Nadelöhr, als ein Reicher in den Himmel?“ Sie war Christin. Alle Christen waren Brüder und Schwestern. Der König und seine Leibeignen waren Brüder. Wehe dem König, der es vergaß. „Die letzten werden die ersten sein.“ Am jüngsten Gericht werden beim Ruf der Posaunen die mißbrauchten Throne zusammenbrechen und die Unwürdigen unter sich begraben, indeß die Armen und Gerechten an Gottes Seite treten. Sie war keine Sklavin. Sie durfte nicht glauben, daß sie eine Sklavin sei, das war Sünde an Gottes Kreatur . . . Sie liebte vielleicht zu maßlos, mehr, als man Menschen lieben sollte. Er, der Priester, konnte es nicht billigen. Es war einer der schlimmsten Fallstricke.

Aïssé schüttelte heftig den Kopf.

Doch, das durfte sie nicht vergessen. Aber er hoffte, für Menschen wie sie habe Christus das Wort gesprochen: „Ihnen wird verziehen werden, weil sie viel geliebt haben.“

„Da bin ich so sicher,“ sagte Aïssé leise. „Ich habe Christus nie vergessen. Ich kann nur seine unendliche Liebe besser begreifen, seitdem ich liebe, ich fühle ihn näher, ihn leibhaftig, mit seinen blutenden Liebeswunden und seinem grenzenlosen Liebesblick über Himmel und Erde. Wenn ich ihn mir früher vorstellte, war er immer fern . . . Ehrwürdiger Vater, ich weiß erst, daß er lebt, seitdem ich liebe.“

Der Priester antwortete fast ebenso leise:

„Ja, ich glaube, daß ich Sie verstehe. Und ich will Ihnen beistehen mit meinem Gebet . . . Aïssé, Sie sind keine Sklavin. Der Chevalier liebt nur Sie, er kann gewiß den Hof entbehren. Heiraten Sie ihn und verlassen Sie mit ihm Paris. Sie dürfen nicht seine Geliebte sein.“

Aïssé dachte lange nach. „Unmöglich," flüsterte sie endlich mit zitternder Stimme. „Denken Sie an den Prinzen von Conti, der seine Frau zuerst so liebte . . . Sie waren kein Jahr verheiratet, da betrog er sie und kam nicht einmal mehr nach Hause, um zu essen und zu schlafen. Alle sagen, daß sie einander hassen. Ich ertrüge es nicht . . . Wenn er sie entbehren sollte, zöge es ihn vielleicht doch wieder zu den Frauen seiner Gesellschaft. Aïssé fuhr in die Höhe und rief trotzig: „Und dann, ich will nicht noch einmal gekauft werden, wie ich gekauft worden bin, nackt und bloß, ohne Eltern und Freunde! Er soll mich lieben, bis ich tot bin, und dann eine Dame heiraten, mit der er seinen Eltern unter die Augen treten darf." Nach einer Weile fügte sie hinzu: „Ehrwürdiger Vater, es dauert nicht mehr lange! bitte, haben Sie Nachsicht mit mir, verstoßen Sie mich nicht."

Sie starrte in das Dunkel des Beichtstuhls mit angstgroßen Augen, die ihr Urteil erwarteten.

„Dann sagen Sie wenigstens und lassen Sie verbreiten, daß der Chevalier Ihnen seine Hand angeboten hat."

„Warum?" fragte Aïssé.

„Damit Ihre Liebe nicht erniedrigt wird."

Er bat Aïssé, bald wiederzukommen, und entließ sie ohne Absolution . . .

Am Abend dieses selben Tages gab der Regent seinen Freunden ein Fest. Da saß Aïssé und war gezwungen, Frau von Berry, der Tochter des Regenten, die in fetter Röte neben ihr thronte, ihre Beobachtungen über das Hofleben mitzuteilen. Sie wandte das schmächtige Gesicht hin und her und konnte ihre Ungeduld nicht verbergen.

„Madame, Sie verzeihen, aber Ihre Sitten werden mir wohl immer ein wenig fremd bleiben. Herr von Ferriol hat mich auf einem Sklavenmarkt aufgelesen, wo ich, elfjährig, zum Kauf angeboten wurde, und mich nach Paris in seine Familie und dann ins Kloster gebracht. Ich habe mir viel Mühe gegeben zu lernen. Trotzdem kann ich nicht lieben, wie die hohen Damen, die mich mit ihrer Freundschaft beehren."

Die Herzogin von Berry warf den Fächer auseinander und sagte entschuldigend:

„Sie sind ja auch noch fast unverdorben . . . Herr von Ferriol wird sich freuen, Sie in solchem Zustand zu bekommen. Wie lange bleibt er denn noch in Konstantinopel?"

Aïssé errötete.

„Madame. Sie tun Herrn von Ferriol Unrecht. Herr von Ferriol ist für mich wie ein Vater."

„Hören Sie? Hören Sie?" rief die Herzogin und winkte mit dem Fächer. Der Regent blieb vor ihnen stehen:

„Braune Diana mit den Honigschultern, sollten Sie endlich meiner Tochter gestanden haben, daß Sie mich nicht mehr verabscheuen?"

Der Graf von Charolais aber, der wieder getrunken hatte, sammelte schnell einige Herren und stellte sich mit ihnen in die nahe Fensternische, von wo sie Aïssés Minenspiel beobachten konnten.

„Aufgepaßt," flüsterte er. „Ich habe zweihundert Dukaten gegen ihre Unschuld gewettet! Wenn ich euch sage, daß Richelieu Bresche gelegt hat . . . ."

Aïssé sah, wie alle Gäste des Regenten einen Kreis um sie schlossen, und sie bemerkte auch den lüsternen Stolz, mit dem Frau von Ferriol, die sie, mit Spott, ihre Stiefmutter nannten, jetzt durch die wispernden Gruppen auf sie zuschritt. Das war die ganze Belagerungsarmee, die der Regent geworben hatte und mit Versprechen von Gold, Regimentern, Pfründen, Titeln und wiederum Geld und — Liebe in Atem hielt. Und dort aus der Tür trat der bildschöne Richelieu, lächelnd, wie immer. Sie schlug erschreckt die Augen nieder.

„Beschämen Sie mich nicht. Wie könnte ich Sie verabscheuen, wo Sie gut zu mir sind."

„Indes, Sie lieben mich auch nicht, und es ist — vielleicht eine schlechte, aber, ich versichere Sie, unüberwindliche Gewohnheit von mir, geliebt zu werden!"

Aïssé hob lachend die Augen:

„Ich gestand gerade der Frau Herzogin von Berry, daß ich nichts von dieser Liebe verstehe."

Hier aber fuhr Frau von Averne dazwischen, die Aïssé allzu kokett fand:

„Nein, meine Liebe, Sie sind treu, und ich wünschte sehr, daß diese Tugend hier mehr verbreitet wäre."

„Nun?" flüsterte Charolais. „Seht nur die beiden Weiber an! Wie?"

„Treu? Herr von Richelieu, wenn Sie mein Freund sind, so führen Sie Frau von Averne an die frische Luft, sie könnte sich sonst von ihrem Temperament hinreißen lassen, mich noch einmal zu unterbrechen . . . Treu? Sind Sie treu?"

„Wie könnte ich treu sein, da ich nicht liebe?"

„Gar nicht? Auch nicht den Chevalier?"

„Noch lange nicht, wie ich möchte."

Da eine Pause eintrat, während deren der Regent mit seinen heißgespielten Blicken in den großen Augen vor ihm nach einem Fünkchen suchte, um es zu entflammen, hörte man die Herzogin von Berry gelangweilt ausrufen:

„Wann wird denn endlich das Feuerwerk abgebrannt?"

Der Regent nickte:

„Die Zündschnur will nicht Feuer fangen . . . Die Hoffnung erhält mich am Leben, Mademoiselle."

Er reichte seiner Tochter den Arm — Vor Aïssé und Frau von Ferriol stand der Kardinal Dubois und schwärmte leise:

„Madame, Sie sind heute schöner denn je, und glauben Sie mir, der Regent hat ebenso gute, wenn nicht bessere Augen, als ich. Kennen Sie schon die Geschichte von der Stiftsdame, die sich in die Venus verwandelte? Herr Graf von Charolais, wenn Sie zuhören wollen, müssen Sie nähertreten . . . Ich bitte darum . . . Eine Stiftsdame, wie gesagt. In der Garderobe des Regenten stand auf dem Postament eine Venus, die, weil irgendwie beschädigt, zur Reparatur weggebracht worden war. Unsere Stiftsdame schlich sich ins Zimmer, entkleidete sich, nahm den Platz der Göttin ein, und wie der Regent sich zur Ruhe begeben wollte — Ich muß sagen, daß die Dame von Natur wunderbar geformt war. Jedoch, es zeigte sich, daß sie kein Herz hatte. Der Regent mußte ihr bedeuten, daß er es nicht liebe, wenn Damen zwischen zwei Bettüchern von Geschäften reden, und schickte sie fort . . . Sie scheinen toll vor Liebe und wollen doch nur Geschäfte machen. Ein Herz fehlt, ein Herz, das zugleich Frankreichs Herz wäre.

Denn im Grund ist er der edelste Charakter, ich kann sagen, der edelste von allen, die ich kenne."

Er sah Aïssé fragend an.

Sie lächelte.

„Das begreife ich," sagte sie, erhob sich langsam, und dann streckte sie, wie ein Mädchen, mir, mir, der auf sie zueilte, die kleine runde Hand entgegen. Zugleich nahm Charolais den Arm des Kardinals:

„Kommen Sie, ich möchte den Kerl erst aufspießen, wenn der Regent sich zurückgezogen hat. Machen wir unterdessen ein Spiel."

„Seit vier Stunden bete ich zur himmlischen Jungfrau, daß sie dich schicken möge, um mich zu befreien. Jetzt bist du da."

Wir setzten uns nebeneinander an die Wand, den Saal vor uns, und nahmen eine Haltung ein, als ob wir plauderten. So sangen wir einander unsere Liebe zu. Wir hätten am liebsten geschwiegen, weil wir dann die Stimme am deutlichsten hörten. Aber wir wagten es nicht. Gleich hätte sich, mit spöttischem Gesicht, ein Kavalier eingefunden und behauptet, daß er die junge Dame unterhalten müsse. Wir hockten wie halb versteckt an den untersten Stäben eines großen Papageienkäfigs, den von Zeit zu Zeit grelle Flüge durchbrausten. Sie störten die sich artig und listig drehenden Tierchen gewaltsam auf. Dann war alles ein bunter kreischender Wirbel, der den Käfig selber hochzuheben und fortzureißen schien. Aber plötzlich standen sie wieder in Reih und Glied, schüttelten zeremoniös die Flügel, verteilten sich gravitätisch, zu vier und fünf, auf den vielen Stäben und Ringen und taten feierlich und immer kokett, als hielten sie, in verschiedenen Kommissionen, eine wichtige Beratung ab. Am Boden kauerten Verletzte, andere schaukelten mit eingezogener Pfote auf den Ringen. Sie gaben sich die größte Mühe, wohlauf und keck zu scheinen, und wußten die schmerzhaften Zuckungen ihrer Flügel so zu deuten, als ob sie sich gar nicht an die Ruhe gewöhnen könnten und am liebsten gleich wieder den Verstand verlören. Es kam vor, daß einige mit dem Leben auch die Fassung einbüßten und rücksichtslos auf den Rücken fielen . . .

Als das Feuerwerk abgebrannt war, kam der Regent auf uns zu.

„Chevalier," rief er, „ich werde Sie an die Grenze schicken."

Aïssé, die er dabei ansah, wurde weiß um die Augen.

„Kind, wie können Sie mich für so grausam halten. Wenn er Sie heiratet, mache ich ihn zum Hauptmann in der Garde.“

„Sie sind ein Volk von Wilden,“ erwiderte sie matt, und der Regent ging lachend davon. Die schöne Türkin durfte sich viel herausnehmen!

Bald darauf entstand Lärm, Frau von Ferriol wand sich durch die nach dem Spielzimmer drängende Menge:

„Im Spielzimmer schlagen sie einander. Der Graf von Charolais hat verloren . . . Das nennt man ein intimes Fest. Wir wollen nach Hause, — bevor es ihnen einfällt, sich über die Frauen herzumachen.“

Im Spielzimmer sah ich, wie der Graf von Charolais seine Freunde von sich abschüttelte und mit geschwungenem Degen auf ein Kruzifix losstürmte, das über dem Kamin hing.

„Nieder mit ihm!“ brüllte er. „Nieder mit ihm . . .“

In der Nacht bekam Aïssé, ohne ersichtlichen Grund, einen heftigen Fieberanfall. Der Arzt ließ sie zur Ader. Nun verfiel sie in einen Zustand vollkommener Erschöpfung, der lange anhielt. Als sie soweit hergestellt war, daß sie das Bett verlassen konnte, bat sie mich, sie fortzunehmen und in der Nähe von Paris zu verstecken, so daß es mir möglich wäre, meinen Dienst in den Gemächern der Regentin zu versehen und dennoch alle freien Stunden und die Nächte bei ihr zu verbringen.

Ich war glückselig. Ich brachte sie in das Haus eines Pächters, der uns ein großes Dachzimmer abließ, von wo wir, aus drei Fenstern, über hohe Wiesen blickten, die sich tief und gleichmäßig ausbreiteten, bis sie, auf der einen Seite, vor einem Walde Halt machten, auf der anderen aber in den offenen Himmel strömten. Wir waren wie auf einer Insel in einem grünen Meer.

Aïssé hatte das Haus der Frau von Ferriol in einem einfachen Kleid verlassen. Sie tat es ab, löste ihre Haare und legte sich nackt ins Bett, und ich mußte alles, was sie besaß, bis auf die Haarspangen, Frau von Ferriol überbringen mit Aïssés Dank für die Wohltaten, die sie in ihrem Haus empfangen habe: Sie wolle leben und sterben, wie sie gewesen, als Herr von Ferriol sie gekauft habe. Auch bat sie Frau von Ferriol, sie in Schutz zu nehmen, wenn man zu schlecht von ihr spräche.

In Aïssés Umarmungen verlor ich bald das Bewußtsein von ihrer Krankheit. Gab sie mir nicht so viel und mehr, als je zuvor? Zum erstenmal besaß ich sie ganz, ohne Rücksicht auf andere, nicht nur für Stunden, in den Zwischenakten der höfischen Komödie, sondern Tage und Nächte, wachend und im Schlaf. Ich nahm sie nicht mehr in jenem wilden, schwindelerregenden Anlauf, als müßten wir uns schnell aus einer Welt von Verstellung und Häßlichkeit in einen Abgrund stürzen, um in dessen Tiefe endlich zusammen zu kommen und einander zu gehören. Immer war sie bereit für mich, die Zeiten des Tags und der Nacht wechselten auf ihrem Körper, Hell und Dunkel lag in ihren Händen, ihre Stimme hielt alles zusammen.

Sie schien das Geheimnis des ewigen Lebens zu kennen.

Sie war unerschöpflich.

Ihre Arme hoben mich in den Himmel. Sie rief, den schwärmerischen Tod auf den Lippen, und hielt mich an sich, bis ich wie in Feuer und Schnee in ihr versank. Ihr Blick, die geringste Bewegung ihres Körpers brach strömende Kraft in mir auf, und wenn ich müde war, deckte sie mich mit einem Frühlingshimmel zu. Ein kühlender Wind wehte und trieb Schafwölkchen über den Himmel. Die Erde roch feucht und erquickend, wie nach einem Regen. Weit fort, am Waldrand, sangen die Vögel.

Jetzt hingen der Hof und Paris wie eine traumhafte Erscheinung in der Luft, zitternd, ungewiß, ich sah den mir wohlbekannten Chevalier d'Aydin mit Verwunderung sich in diesem Bild bewegen, die Sinne versagten mir, dann erwachte ich in Aïssés Armen zur Wirklichkeit . . . „Seht nur das Gespenst!“ riefen die Leute, wenn ich auf meinem Pferd durch die Straßen jagte. „Der Chevalier ist blind und taub geworden,“ sagte man bei Hof. Ich tat meinen Dienst mit einer Art schlafwandlerischer Sicherheit, ohne mich einen Augenblick bei etwas aufzuhalten, was nicht zu der Funktion gehörte, die ich, wie mir schien, seit undenklichen Zeiten ausübte. Wie ich mich so gehen und sprechen, lächeln, den Nacken beugen fühlte, empfand ich mich selbst immer mehr als ein Gespenst.

Im selben Maße wuchs die Macht meiner Vereinigung mit der Geliebten. Es war ein Strudel, der alles anzog. Eltern, Kindheit, die kleinen und großen Ereignisse meines Lebens, Hoffnungen und Begierden, alles drängte hier zusammen und hatte nur noch Leben in ihren Armen. Manchmal sah ich halbvergessene Menschen körperhaft herbeiwandern, ich hörte ganz nah den Klang von meines Vaters Stimme, der aus dem Fenster des Wohnzimmers nach mir rief, ferne Gegenden kamen geschwommen, wie Treibeis, mit Häusern, Äckern, Herden darauf. Alles, was ich kannte, machte sich vom Boden los, verließ die Welt des Scheins und kehrte in die Heimat zurück und nahm Platz in meinem und der Geliebten einem Herzen.

O wunderbare, lebenslängliche Umarmung! Sie offenbarte mir die tiefe Güte selbst der Verzweifelten. Wie alle jungen Männer, hatte ich genossen, um zu genießen, der Zerstreuung wegen, und weil andere ebenso taten, und auch, um mich von einem Alb zu befreien, — und die brennende Scham der Enttäuschung gekannt. Die ersten Frauen, die sich geben, sind ja selten die Geliebten. Ich sah sie wieder und erkannte allerhand Zeichen, die ich früher übersehen hatte, daß in ihrem Lachen, in ihrem Fieberdurst, in ihrer bald koketten, bald frechen Sachlichkeit, ihrer zerreißenden Neugierde alte Mädchenträume um Erfüllung schrien. Sie betranken sich an der Liebe, wie auch oft am Wein. Sie mußten hinaus ins Grenzenlose, kostete es, was es wollte. Versuchten immer wieder die Himmelfahrt, erwachten als Dirnen und begannen von neuem, die Männer verdarben sie, indem sie die Verführten an ihr Laster gewöhnten. Hatten nicht vier Edelleute die Marquise von Gracé, der Regent und der Graf von Charolais eine junge Witwe, Frau von Saint-Sulpice, betrunken gemacht und die eine den Lakaien vorgeworfen, die andere unter grausamen Belustigungen fast getötet? Der Regent nicht versucht, Frau von Rochefoucault mit Hilfe seiner Tochter, die sie festhielt, gewaltsam zu verführen? Die Frauen wurden nachts in ihren Betten überfallen, ihre Gatten, ihre Geliebten verkauften sie, des Gewinnes wegen, oder um selbst ungehindert nach ihrer Laune zu leben. Sie konnten nicht anders, als sich verachten, so sanken sie immer tiefer. Der Regent gab das Beispiel, da er eines Abends bei Tisch saß mit Frau von Parabère, dem Kardinal Dubois und dem Bankier Law. Gegen Ende der Mahlzeit brachte man ihm eine Verordnung, die seiner Unterschrift bedurfte. Er konnte nicht schreiben, weil er betrunken war, und reichte das Papier Frau von Parabère mit den Worten: „Unterschreibe, schlechtes Frauenzimmer." Sie weigerte sich. Da hielt er es dem Kardinal hin: „Unterschreibe, du Zuhälter", und als auch der ablehnte, wandte er sich an Law: „Dieb, so unterschreibe du." Law unterschrieb nicht. „Ein schönes

Königreich," seufzte der Regent, „das eine Dirne, ein Zuhälter, ein Dieb und ein Trunkenbold regieren!" und unterschrieb. Aber selbst die Verdorbensten waren nicht ohne Leidenschaftlichkeit! Frau von Nesles und Frau von Polignac hatten sich im Bois von Boulogne duelliert, weil keine wollte, daß die andere Herrn von Richelieu beglückte. Und Frau von Nesles war durch einen Schuß in die Schulter verletzt worden. Das Verlangen verbiß sich rasend in sich selbst. Sie suchten alle die Liebe, aber mit der Selbstachtung und dem Glauben rissen sie auch die Wurzeln der Freude aus. Schließlich glichen sie alle mehr oder weniger dem Kardinal Dubois, der sich für die Nacht eine Dirne kommen ließ und zwischen Bett und Schreibtisch hin und her ging, ohne seine Arbeit zu unterbrechen, und der jedem versicherte, daß die Liebe nichts sei, als eine manchmal amüsante Gewohnheit ... Und verirrten sich nicht selbst die Gedanken dieses völlig ernüchterten Teufels zu anderen, lieblicheren Gestalten, während er seiner stumpfsinnigen Gewohnheit fröhnte? Auf seinem tierischen Mund — nun sah ich es! — schwebte schon das Wort, das ihn befreien sollte, sein lüsterner Blick war bereit, vor der Wahrheit abzudanken ... Gleich ginge die schwelende Inbrunst in Flammen auf ... Ich nannte ihn Bruder. Wie sie in meine Liebe einzogen, waren sie schon halb erlöst — alle! Das Leben glühte auf, von einem überirdischen Strahl getroffen. Das Leben erfüllte seinen Sinn. Die Schmerzen hatten, litten ohne Haß, und die Glücklichen spendeten mit reichen Händen. Zwischen Geburt und Sterben stand das schwarze Kreuz des Todes wie der Zeiger einer Wage. Ich lebte — wie das Leben selbst.

Aïssé aber starb ewig den Liebestod.

„Bin ich schon tot?" fragte sie manchmal, wenn wir, noch ineinander verschlungen, ruhten. Zwei Pflanzen waren wir, die, außer sich vor Freude, einander mit ihren Säften durchdrangen und voneinander zehrten. Die Mündung zweier Ströme. Ein Kandelaber mit vielen brennenden Kerzen.

Aïssé öffnete nicht einmal die Augen, wenn ich sie verließ, und meine Rückkehr war, als hätte ich sie nie verlassen. Wir kannten weder Zwang noch Versagen. Wir waren die beiden Flügel eines Vogels, die einander mühelos überboten und sich zusammenschlossen.

„O Wollust," rief sie, „gute Wollust!"

Aïssé wußte nichts mehr von Paris, sie war im Kloster gestorben, als die Monstranz funkelte und die hellen Schwestern sangen. Der Geliebte hatte sich über sie gebeugt, sie auf seine Schulter gehoben und in den Himmel getragen. Nun küßte er sie unaufhörlich, und sie umarmte ihn ohne Ende. Wir brannten und hatten wieder kühl. Millionen Wesen nahmen, von e i n e m Blut durchströmt, an unserer Freude teil, eine unübersehbare, glückverstummte Schar, aus der manchmal, deutlich erkennbar, die Heiligen auftauchten. Aïssé erkannte sie nach den Bildern, die sie auf der Erde von ihnen gesehen hatte. Es war ein ewiges Kommen und Gehen wie auf einem großen Sklavenmarkt. Ein Sichsuchen, Sichfinden, ohne daß wir einander verloren. Zuweilen tauchte aus dem Goldlicht die dunklere Silhouette von Konstantinopel. Auf den Minarets hoben sich ganz dünne Arme. Das waren die Männer, die zum Gebet riefen. Aber ihre Stimme hörte man nicht.

Aïssés Gang war noch leiser, ihre Bewegungen noch demütiger geworden. Sie schwebte durchs Zimmer, bereitete das Essen, verweilte still und tat alles mit der Selbstverständlichkeit einer freien Magd. Sie kannte weder Scham noch Furcht.

Eines Tages versuchte sie mühsam, sich aus meinem Arm zu erheben, und fiel zurück. Da sagte sie:

„Du mußt meinen Beichtvater holen."

Der Priester kam und traute uns. Der Pächter und ein Knecht waren Zeugen.

„Jetzt," rief Aïssé, „kannst du tun, was dir beliebt, bis du stirbst. Dann werden wir Hochzeit halten im Himmel, denn du bist mein Gatte! Hörst du? Mein Gatte! Du gehörst Gott und mir allein."

In der Nacht begann der Todeskampf. Sie klammerte sich an mich, und litt knieend in meinen Armen, die sie hielten. Dann strich sie mit beiden Händen langsam über meinen Körper und legte den Kopf auf meinen Leib.

Ich hielt zwei Tage und zwei Nächte Totenwacht. Aïssé lag nackt und einsam ohne eine Blume zwischen den Kerzen, sie schien mit den Haaren an das große weiße Bett festgewachsen. Sie hüllten sie in das Laken und legten sie in den Sarg.

Am Grab war die männliche Gemeinde von Saint-Sulpice versammelt. Der Regent ließ sich durch den Grafen von Charolais vertreten. Als der Priester die letzten Gebete sprechen wollte, vergaß er sie mit einemmal. Er starrte mit geröteten Augen abwechselnd ins Grab und in sein Buch. Endlich sagte er einfach:

„Sie wird auferstehen!"

Kurze Zeit darnach folgte ich meiner Geliebten. Als ich spät abends den gewohnten Weg zum Pächterhause ritt, scheute auf der Brücke bei Suresnes mein Pferd vor einem Wagen und sprang über das Geländer in die Seine. Ich ertrank . . ."

Der Franzose legte seine Hände auf meine Kniee und sah mir lächelnd in die Augen.

„Ich ertrank, aber bald darauf erwachte ich in einem fremden Land. Ich sah gleich, daß alle Frauen hier Aïssé glichen und war nicht erstaunt, als ich sie selbst eines Abends wiederfand. Sie saß im großen blauen Salon unseres Gouverneurs, und ihre Augen suchten. Der Sohn des Gouverneurs hatte den Arm auf die Lehne ihres Stuhles gestützt und sprach gebeugten Hauptes auf sie ein. Unsere Blicke trafen einander und ließen nicht los. Ich trat hinzu und bat meinen Freund, mich vorzustellen. Aber ohne diese Förmlichkeit abzuwarten, streckte Aïssé mir ihre kleine runde Hand entgegen . . . Und nun werden wir vielleicht bald wieder sterben, jedes für sich, und einander scheinbar verlieren, um des Glücks willen, einander wieder zu finden. So wandern wir durch die grenzenlose Welt, wir beiden . . ."

Sein Blick lag auf mir, ein Blick, den ich bei den Betern im Ganges, nie bei einem Europäer bemerkt hatte, der Blick, der h i n ü b e r s i e h t, kampflos und weit offen, stark wie die Stille des Mittags in Benares, ausgefüllt von der Sonne, in deren volle Glut sie dort mit demütig zurückgebeugtem Nacken hineinsehen. Ein Märtyrerblick, neben dem die Frauen, die ihr nasses Gesicht gleichfalls in die Sonne heben, sanft und mütterlich verblassen. Ich hörte die Ventilatoren im Hause rauschen, und vor der offenen Verandatür, die ein Moskitonetz verhing, balgten sich zwei kreischende Papageien. Die alte Frau hielt die Augen geschlossen. Sie schien zu schlafen.

9 789356 788121

Printed at Repro India Ltd.